क्या-क्या टूट गया भीतर

(कविताएँ)

क्या-क्या टूट गया भीतर

मनोज कुमार शर्मा

राधाकृष्ण प्रकाशन

ISBN : 978-81-7119-998-3

क्या-क्या टूट गया भीतर

पहला संस्करण : 2005
दूसरा संस्करण : 2006
This book is printed on **Print on Demand** Technology : 2024

मूल्य : ₹495

प्रकाशक
राधाकृष्ण प्रकाशन प्राइवेट लिमिटेड
जी-17, जगतपुरी, दिल्ली-110 051

शाखाएँ : अशोक राजपथ, साइंस कॉलेज के सामने, पटना-800 006
पहली मंजिल, दरबारी बिल्डिंग, महात्मा गांधी मार्ग, प्रयागराज-211 001
1, अनमोल सोराबजी सन्तुक लेन, धोबी तलाव, मरीन लाइंस, मुम्बई-400 002

वेबसाइट : www.radhakrishnaprakashan.com
ई-मेल : info@radhakrishnaprakashan.com

KYA-KYA TOOT GAYA BHEETAR
Poems by Manoj Kumar Sharma

सरल, अत्यन्त सरल, ममत्व की अविरल स्रोत

नानीसा

स्व. श्रीमती धापू देवी

को समर्पित

मेरी बात

बचपन से अब तक गुजरे समय का लेखा-जोखा रखने को चित्रगुप्त जी के लेखाकार को खोजते हुए सारा समय गुजर गया, इस बीच गई दशाब्दियाँ पंख लगा कर मेरे प्रभामंडल को छूती निकल गईं, किसी ने नहीं कहा कि फिर मिलेंगे। मैंने भी सिकोड़ लिया मेरे दृष्टा कछुआ-अंगों को एक समग्रता के साथ, दृष्टि की एकाग्रता को अपना साथी बनाते हुए।

कुछ चीजें वैसी ही रहीं, कुछ किंचित बदलीं, और कुछ का चेहरा पहचानने लायक ही नहीं रहा, भारतीय सामाजिक परिवेश की तरह।

फिर भी छोटी-छोटी खुशियाँ तलाशने की लिप्सा समाप्त नहीं हुई। महत्वाकांक्षाओं का रेला घटते बंजारों की बस्तियों की तरह समेट लिया मैंने। सोच, छोटी पर सामायिक खुशियों की बाट जोहने लगी कि क्या ही अच्छा हो कि आने वाले सारे ट्रेफिक सिग्नलों की सारी बत्तियाँ हरी मिले, कोई तो ऐसा भी अवसर आए कि एयरपोर्ट की 'बैगेज कन्वेयर बैल्ट' पर पहला

सामान मेरा ही आए और कभी तो बिना विलम्ब शुल्क के जमा करवा सकूँ मेरा बिजली और टेलीफोन का बिल।

कभी व्यवस्था पर, कभी विवशता पर। सोच तो आती ही है, दो रोटी मैं भी खाता हूँ, विचार तो विस्तारित होंगे ही।

मुझे मालूम है दुष्यन्त के शब्दों में कि 'मैं इस मशीन का पुर्जा हूँ खुद मशीन नहीं।' पर पुर्जे में कहाँ जान होती है ? बेमाता ने जब जान डाल दी है शरीर में, तो कुछ तो स्पंदन होगा ही। इसी स्पंदन के पेटे कभी उबाल लिये, कभी भीगा हुआ और कभी शीतनिद्रा में मेरा चिन्तन मेरी कविताओं में प्रस्फुटित है, सुबह के अंकुरित मूँग और मोठ-सा।

इन दिनों न जाने जोग माया का कैसा खेल है कि दूर से दिखती जलती लकड़ियों के पास जाने पर न तो अग्नि से साक्षात्कार होता है न धुएँ से, मात्र दरकी हुई सर्द और सीलन भरी टहनियाँ, बेजान। शंख अब पांचजन्य के दूर के रिश्तेदार भी नहीं लगते, न अब गोबर में वो खुशबू, कि रसोई का चौका लीपा जाए।

हो सकता है निशा कुछ लंबी खिंच जाए पर–
चीर कर तब तुम तिमिर को ज्योत्स्ना से सींच देना
फिर, सुनहरी रेशम की डोरी ऊषा की खींच देना

ये सारा चिन्तन नदी में भँवर के पानी की तरह भीतर ही समाहित होता रहता पर मेरी अर्द्धांगिनी श्रीमती सीमा का ही सतत आग्रह और प्रेरणा रही कि इसे प्रकाशित कराया जाए, मेरी माता-पिता, भाई-बहिनें, कँवर साहब, मित्रगण, सभी ने मेरे सृजन को उभारने में, आषाढ़ को सावन में रूपान्तरित करने सा योगदान दिया।

मैं आभारी हूँ श्री गीतेश जी शर्मा, श्री मदन लाल जी तापड़िया, श्री डी. पी. जैन, श्री वीर सक्सेना, श्री ताराप्रकाश जोशी, श्री वेदव्यास, श्री विजयदान देथा, श्री ललित के. पंवार, श्री अरविन्द मायाराम एवं सभी प्रबुद्धजनों का, जिनकी समिधा से यह हवन कुण्ड प्रज्ज्वलित हुआ।

सभी विद्वान पाठकों से अनुरोध है कि बिना योजना के निर्मित इस कविता-गुच्छ को सहज ग्राह्य करें, अप्रिय लगे भी तो स्वादग्रन्थियों को उद्वेलित करें फिर उदरस्थ करें, क्योंकि मुझे मालूम है यह सुपाच्य है।

श्री अशोक महेश्वरी का अन्तर्मन से आभार है, जिन्होंने इसके प्रकाशन में रुचिकर योगदान दिया।

सभी सुहृद पाठकों को मेरा प्रणाम।

—मनोज कुमार शर्मा

क्या-क्या टूट गया भीतर

अनुक्रम

अढ़ाये

कविताएँ

सोचो तो

सुख
पेन, कंघे और रूमाल की तरह
ज्यादा टिक नहीं पाता मेरे पास
और दुःख
नाखूनों की तरह
चिपका रहता है मुझसे,
बार बार काटने पर भी
फिर बढ़ जाता है।
कुछ तो ऐसा उपाय करो
कि
रूमाल पेन और कंघे भी
नाखून की तरह
बन जाएँ मेरे वजूद का हिस्सा।

वक्त की डायरी

वक्त की डायरी में
तारीखें, वार, महीने
कभी
इस तेजी से बदलते हैं जैसे
वीडियो पर फास्ट फारवर्ड का
बटन दब गया हो,
और कभी
एक एक तारीख
इतनी बोझिल
कि बदले नहीं बदलती
स्लो मोशन से भी स्लो,
ईश्वर
वक्त की इस डायरी में
रिवाइन्ड का बटन रखना भूल गया है।

जाने क्या-क्या टूट गया भीतर

मुझे अक्सर ईर्ष्या होती है
अपने ड्राइवर से
कि हर लम्बी यात्रा के बाद
वो खोल देता है बोनट गाड़ी का
और चेक करता है न जाने क्या-क्या
रेडियेटर, डीजल फिल्टर, हौज पाइप।
'मैं' किसी भी यात्रा के बाद
नहीं खोल पाता 'अपना बोनट'
भय होता है, हिम्मत नहीं होती
कि न जाने क्या-क्या टूट गया होगा भीतर
न मालूम ईंधन भी कितना
शेष बचा है !

बामियान

बामियान का संहार देख
आस्था ही न रही
मान्यताओं में,
बुद्ध ! क्या तुम मात्र
गांधार शैली के अलंकार थे
या पाठ्य पुस्तकों
और अज्ञानी मानवों
को छलावा देने वाले
भ्रम, कि
तोप के गोलों
का भाजन बन गए
हिल गया
विश्वास मेरा और
तुमने कुछ भी न किया

न चमत्कार न संहार,
मैनें तुम्हारें तीनों
पिटक खोले
अभिधम्भ पिटक, सुत्त पिटक, विनय पिटक
कि
यकायक प्रकाश
से भर उठा मेरा तिमिराच्छादित अन्तर्मन
तुम्हीं ने तो कहा था
प्रिय बिछोह
सबसे बड़ा दुख होता है
पर
उससे भी बड़ा दुख है
अप्रिय मिलन
और कदाचित
उस अप्रिय मिलन से
पूर्व ही
तुम छोड़ चुके थे बामियान
हम सब के
हृदयों में बस जाने को,
चौबीस अवतारों में से एक,
मेरे तथागत् !

अश्वत्थामा हतो हतः

अश्वत्थामा
हतो हतः,
द्वापर युग में तो
चल गया,
पर
कलियुग में
न हाथी बचता है
न द्रोणाचार्य का पुत्र
क्योंकि
युद्ध के नियम
अब न रात्रि देखते हैं न दिवस,
बस
निर्बल की बलि
कैसे ली जाए

इसी के खोजे जाते हैं उपाय
क्रय किया जाता है जनमत
चाहे कश्मीरी पंडित
हो या
मध्य एशिया के निरीह।

निश्चय तो करो

आओ
हम सब रेशम के
कीड़े बन जाएँ
शहतूत के पत्ते
खा कर
उनके हरम की
शोभा के लिए
वस्त्र सृजन कर
उबलते पानी में
बलि दे दें अपनी
और नियति को
करने दें अपना काम,
या फिर
अपने रेशमी धागों के

ककून से बाहर
निकल फड़फड़ाएँ
और देखें नीला आसमान
विचरण के लिए
निश्चय तो करो !

झेलम नदी

झेलम, तुम्हारा ये उफन-उफन पड़ना
मुझे बताओ तो जरा
ये बर्फ से जुदाई का गुस्सा है
या
उसकी जकड़न से आजादी की उमंग,

मुझे बताओ तो जरा
मुझमें अपनी ये स्फटिक-सी निर्मलता भरोगी
या
अपने पेट में समेटे हजारों-हजार बल,

मुझे बताओ तो ज़रा
कि पन्ने का सा पानी लिये चमकता रहूँ
तुम्हारी तरह

या
अपना वजूद खो कर सींच दूँ
धरती का तन मन
तुम्हारी तरह
मुझे बताओ तो ज़रा।

साँप के कान ही नहीं होते

साँप
और मुझमें
साम्य कितना है,
साँप की दो जुबान
मेरी भी दो,

साँप
बदलता ही रहता है कैंचुल अपनी
मैं भी तो बदलता ही रहता हूँ पहचान अपनी

कुंडली मार के मैं भी तो बैठता हूँ अपनी झूठी
गैरत की,
अपना बनकर मैं भी तो फुफकारता हूँ, अपने
अपनों पर,

ज़हर मुझमें भी बसता है,
साँप और मुझमें साम्य कितना है,

बस फर्क सिर्फ है, तो इतना है
मैं अपने कानों से भी करता हूँ, इकट्ठा ये ज़हर
और साँप के कान ही नहीं होते।

नौकरशाही

राजा के हरकारे ने
कोचवान को कहा कि
राजरथ ले आओ, राजाजी शिकार पर जाएँगे

और, जोगमाया का खेल देखिये कि
उसी समय
पटरानी के हरकारे ने कोचवान को कहा कि
राजरथ ले आओ रानी जी सैर को जाएँगी

कोचवान ने घोड़ों को पूछा कि क्या करें ?
राजाजी की आज्ञा मानें या रानी जी की,

घोड़े पत्थर के हो गये
कोचवान ने बहुत कोड़े बरसाये
पर कहीं पत्थर के घोड़े भी चलते हैं ?

राजाजी और रानी का दरबार लगा
कोचवान को अवज्ञा के
अपराध में
फाँसी हो गई।

जो रचा अंग्रेज़ ने

वैज्ञानिक कहते हैं
'ग्लोबल वार्मिंग' हो रही है,
गरम हो रहा है
सारे संसार का तापक्रम,
पिघल सकती है
ध्रुवों की बर्फ,

पर कितने अज्ञानी हैं वे
निपट अज्ञानी !
जब पड़ोसियों के बीच की
बर्फ ही नहीं पिघल सकती,
तो कैसे पिघलेगी
ध्रुवों की बर्फ,

क्योंकि
न तो 'हम' रच सकते है
न 'वो'
जो रचा 'अंग्रेज' ने।

लंदन

लंदन
एक मध्य युगीन शहर
जो एक मिनट में ले रहा है
अट्ठारह बार साँस, एक सामान्य साँस,
लेकिन उसे लगता है कि
उसके सारे पूर्व
उपनिवेश
सोचते हैं कि
बूढ़ा हो चुका है उनका गॉडफादर
और अपने को जवान दिखाने
की होड़ में, ये लंदन,
एक षोडषी के अधेड़ पति की तर्ज पर
अपने को
चिर यौवन युक्त दिखाने का

प्रयत्न करता हुआ सा,
अपने सारे भूतपूर्व गुलामों
की ज्यादतियों को सहता हुआ
अपनी परम्पराओं के अलंकृत
बोझ से लदा हुआ,
व्यवस्थित, मगर
सहमा हुआ शहर
जिसके हर बाशिन्दे को
भूतपूर्व गुलामों से हर पल
लगता है डर,
सोचता हूँ
अच्छा ही हुआ
हमने बनाया ही नहीं
किसी को गुलाम
वरना
हमारी आनेवाली पीढ़ियाँ
लंदन की तरह
रहती सहमी-सहमी
और हर पल कहती
आज बस आज
बचा लो
मेरे राम !

शिमला

कल रात शिमला की,
मशोबरा घाटी में,
सोया, अपूर्व शान्ति के साथ,
न ध्वनि प्रदूषण, न वायु प्रदूषण,
क्या आनन्द, न देखा न भोगा,
आँख लगी ही थी कि,
एक चीत्कार, एक गुहार
बाईं ओर से
मैं चौंक कर उठा
दो हाथ कोमल से
मेरी बालकनी तक आए
मैंने पूछा कौन हो ? तो हाथों ने कहा
"मेरे अंचल के सारे पेड़, मेरे वस्त्र काट दिये
दौ पैरो वालों ने, हृदयहीनों ने, तुम्हारे हृदय है तो बचाओ"

मैंने उस ममतामयी पहाड़ी के निर्दोष हाथों को छुआ
दायीं ओर जंगल के बचे हुए पेड़
मेरी गोद में दुबक गए
मेरा अंगवस्त्र आँसुओं से भीग गया
किसी नंगी पहाड़ी
को क्या आप भी कुछ
वचन दोगे ?

हाऊस बोट

कितना अधिक साम्य है
सामने खड़े
नहीं नहीं पड़े,
हाऊस बोट में और मुझमें।

कीमती लकड़ियों की पच्चीकारी
और रेशमी पर्दों से लदा-पदा हाऊस बोट,
विशाल डल में
बल्लियों से बँधा,
जो बोट होकर भी बोट नहीं
बरसों से जड़, हाँ हाँ पानी में जड़
बिल्कुल मुझसा,

मुझ को तो दो लट्ठों का शिकारा ही
बना दो, प्लीज !

कि मैं चैतन्य हो जाऊँ, गतिमान हो जाऊँ
मुझे कीमती हाऊस बोट की
नियति से निकाल दो
निकालोगे ना... ?

सर ! यू आर जीनियस

जंगल में
अबके सावन में
अच्छी बारिश हुई,
सभी जानवरों की ओर से
जंगल के राजा शेर से
सामूहिक भोज देने की गुजारिश हुई,
राजा की ओर से
भोज का निश्चित हुआ आयोजन
प्रत्येक प्रजाति के जीव को
भेजा गया निमन्त्रण
आमन्त्रितों की सूची को देख
स्वागत समिति के संयोजक
सियार ने शेर को कहा कि
श्रीमान् !

इस सूची में मनुष्य का नहीं है नाम
जब भोज में प्रत्येक जीव को आना है
तो क्या मनुष्य को नहीं बुलाना है ?
महाराज शेर थोड़ा अंगड़ाए
सियार के भोलेपन पे मुस्कुराए
और बोले
मेरे मासूम सियार !
क्या तुझे जंगल की शांति से नहीं है प्यार ?
मनुष्य भोज में हमारी तरह सहज नहीं आएगा
धूर्तता और दुष्टता नाम के वस्त्र ओढ़ आएगा
एक बार कुत्तों ने बुला लिया था
मनुष्य को अपने भोज में,
आज सारा जंगल है कुत्तों की खोज में,
मनुष्य को बुलाना नहीं आया उन्हें रास
देखो तो कुत्तों की पूरी प्रजाति बनाई जा चुकी है मनुष्य की दास,
सियार की प्रश्नवाचक भंगिमा को देख
वितृष्णा का थूक गटकते हुए महाराज शेर फिर बोले
हे जीवों में श्रेष्ठ सियार !
मात्र मनुष्य ही वह जीव है
जो करता है पेट भरने के बाद भी आक्रमण
निरूद्‌देश्य छेड़ देता है रण
जंगल की शांति हमें नहीं गँवानी
मनुष्य को निमन्त्रण-पत्रिका नहीं भिजवानी
सियार बोला
परन्तु श्रीमान्...
शेर ने कहा शटअप !
सियार सम्पूर्ण विनम्रता के साथ बोला
सर ! यू आर जीनियस...।

स्त्री

तुम
निश्चय ही पारा हो
पारे सदृश चमकीली, वजनी, आकर्षक
और पारे की ही तरह
हर आकार में ढ़ल जाना तुम्हारा।
मैंने पढ़ा था कहीं,
कि पारा एक बार हलक से
नीचे उतर जाए
तो श्वास नहीं आता दूसरा
और यहाँ भी तुम पारे से
कतई भिन्न नहीं हो,
तुम निश्चय ही पारा हो॥

यूँ ही चलते-चलते

सड़क पर
दोनों ओर लगातार
वृक्षों की कतार,
तने तक सफेदी पुती हुई
जैसे
बहुत सारे बच्चे सफेद मौजे पहने
हरी फुनगियाँ सर पे लगाये
राष्ट्रगान की मुद्रा में सावधान खड़े हों,
सोचता हूँ गाड़ी से उतर
मैं भी खड़ा हो जाऊँ वृक्षों के साथ,
हरी फुनगी लगाये, करने
लगूँ नमन,
जन गण मन।

परिवार

पिता का स्वाभिमान,
और उसे बनाये रखने को
हमेशा जतन करते रहना उनका
माता का असमंजस में रहना
कभी यूँ सोचना कि
अब तो सब अनुकूल है और कभी
नये जमाने की खोखली ईंटों की
मज़बूती की वकालत करना,
बहू का अपना आसमान
अपना क्षितिज, अपना सृजन,
कभी लगता है सब दूध-पानी एक से,
कभी-कभी ये ही सब उत्तरी ध्रुव-
दक्षिणी ध्रुव,
कभी भी मिलने को बने ही नहीं

क्या ही अच्छा हो कि
रोज ही
दूर के रिश्तेदार घर आते रहें
और सारा परिवार एक होकर
करता रहे स्वागत उनका
पिता लेकर स्नेह आँखों में,
सास और बहू दोनों पल्लू लें सिर पर
आदर करने को
बुजुर्ग रिश्तेदार का।
रखने को जिन्दा हर परिवार को
हे ईश्वर !
जीवित रहें हमारे संस्कार और
हमारे बुजुर्ग रिश्तेदार।

बिछोह

बिछोह !
एक दूसरे को अधिक
करीब ले आता है
यह तो पता नहीं
पर
दूर तो नहीं ही कर पाता
यह निश्चित है।

यथार्थ की छतरी

तपती रेत पर
नंगे पैर,
तमाम अपनों को
कांधे पर लिये
पसीने-पसीने चला जा रहा था
कि यादों का बादल
छा गया मुझ पर,
तनिक देर साथ
उसकी छाँव में चलता रहा मैं।
यादों का बादल बरसने लगा,
मैंने यथार्थ की छतरी
तान ली।

मरीचिका

देखो तो
मरीचिका !
मरीचिका का पानी
कितना ठंडा, मीठा और आनन्द दायक
मैंने पी लिया है
पीते ही
अनुभव भी की है एक यंत्रणादायक खुश्की
बदन में चुभती ढेरों सुइयाँ और
शरीर में लगातार कम होता जाता जल,
परन्तु
मरीचिका का आकर्षण
यथार्थ के झुलसाते
रेगिस्तान से फिर भी मोहक है
चाहे प्राण ही ले ले यह
अन्ततः।

बात फूलों की

कल शाम
बगिया के सारे फूलों ने
आपस में बातें की,
खूशबू की, रंगों की, ताज़गी की।
और फिर सब फूलों ने
एक स्वर से
तुम्हारे चेहरे को
अपना राजा चुन लिया।

यादें

यादें !
जैसे परछाइयाँ,
वर्तमान का प्रकाश पड़ते ही
विलीन हो जाती है
परन्तु सालती रहती हैं
हमेशा
एक नये जूते के
छाले की तरह !

ये भी कोई इच्छा हुई

बरसात में ये भी कोई इच्छा हुई कि
तुम,
भरी बारिश में बगैर छतरी के भीगती हुई मिलो
सड़क किनारे,
और मैं खुले हुड की जीप में गुजरूँ तुम्हारे पास से,
तुम्हें पहचानूँ ही नहीं और पूछूँ
कौन हो तुम ? कहाँ जाना है ?
और तुम कहो कि चलोगे ?
बादलों के साथ, खूब ऊँचे
टीवी टावर से भी ऊँचे
बड़ा मजा आएगा, खूब भीगेंगे
मैं कुछ बोलूँ उससे पहले ही तुम मेरी बगल में बैठ जाओ,
जीप अचानक उड़न खटोले में बदल जाए और लगे उड़ने
मैं बादलों से कुछ ताजी फुहार

उधार माँग लूँ और छींट दूँ तुम्हें,
तुम साँझ के सूरज से लालिमा ले लो
और वो बिखर जाए
तुम्हारे गालों पर,
पहाड़ और पुराने किले,
हरी चादर की ओट से निहारते रहें हमें
टुकुर-टुकुर, टुकुर-टुकुर !
ये भी कोई इच्छा हुई !

ईर्ष्या

तुम्हारे माथे पर
चुहचुहाती पसीने की बून्दों को
मेरी अँगुलियों के पोरों ने छुआ,
सुबह की ओस
ईर्ष्या से जल उठी।

सारे पुण्य ले लो

पौष की शीत रात्रि में
अलाव के पास बैठ हथैलियाँ तापना
तुम्हारे उजले मुख पर ज्वाला की परछाईं
का इठलाना देखना

आँच धीमी होने पर तुम्हारा दौड़ के
तिनके ला
फूँक से आँच तेज करना
और धुएँ से
आहत हो आँखें मींच लेना
मेरा तुम्हारी पलकों को छूना
और हथेली में तुम्हारें अधरों
प्रदीप्त कपोलों को
समेट लेना

हे ईश्वर !
मेरे सारे पुण्य ले लो
और समय को हमेशा के लिए
यहीं रोक लो।

अवसाद

क्षितिज के पार तक
फैला समन्दर
'बीच' पर फैले लोग
साँझ के फैले रंग,
और फैलता रेला
आकांक्षाओं का,
सब कुछ असीमित
इन सबके बीच सिकुड़ता-सा
मैं
और मुझमें फैलता हुआ
अवसाद
क्षितिज के पार तक।

स्वतंत्रता की सत्तावनवीं वर्षगाँठ पर

बुढ़ा रहा हूँ
सत्तावनवें साल में तेजी से,

दे चुकी है सारी
प्रतिरक्षात्मक प्रणालियाँ भी जवाब

सिर उठा रही हैं
नई बीमारियाँ,
न देखी, न सुनी,

और इनके सामने समर्पण करने को तैयार
मेरा हर ऊत्तक, मेरी हर कोशिका,
पिछले हजार सालों के
इतिहास को दोहराता सा।

पर नहीं, अब नहीं !
सत्तावन साल तो कोई उम्र नहीं होती
राख में मिल जाने की ?

आह्वान है !
सभी श्वेत रक्त कणिकाओ !
उत्तिष्ठ ! उत्तिष्ठ ! उत्तिष्ठ !

समझदार

मेरे गाँव में
तब,
जहाँ पनघट के साथ
बैल और बैलगाड़ियाँ भी जिन्दा थी
ऊपर की हवा और
भूत भगाने वाले औझा को
'समझदार' कहा जाता था,
शहर में पढ़ने आया तो
मास्साब बोले–
'समझदार' बनो,

किसका भूत भगाना है
समझ नहीं आया मुझे,
मैं कभी समझदार बन ही नहीं सका।

हर बार चुनावों के बाद
सारा मीडिया जगत बोलता है
जनता 'समझदार' हो गई है,
मैं फिर भी नहीं समझ पाता
जनता ने कौन सा भूत भगाया ?
इमली वाले पेड़ का या
पीपल वाले पेड़ का ?

हे विक्रम ! हे बेताल !
नहीं बनना मुझे 'समझदार',
मैं तो नासमझ ही भला,
मेरे गाँव
और
मेरी फिसलपट्टी-सी काई लिये
पनघट के साथ।

सुनो तो

ये क्या कर रहे हो
इस
मिट्टी के बर्तन को न पटको जोर से
जो तुमने बनाया, जो तुमने सँवारा
रंग भी तुम्हीं ने भरे अपने हाथ से,
कृति तुम्हारी,
तुम संहारक नहीं
विष्णु हो तुम
रचनाकार,
पानी न भर सको इस पात्र में
तो कोई नहीं
तोड़ो तो मत
जरा सी दरार,
न जाने आमंत्रित करे
किस छेद को।

कश्मीर

बन्द ताला
सूनी निगाहें
अनबुझे प्रश्न और निर्वात,
रोशनदान से लरजता
धूप का एक टुकड़ा गोलाई में,
गुम्बद के सारे कबूतरों की
आँखों से उठता हुआ धुँआ,
जो फैल गया है
धूप के टुकड़े में झंझावात बन,
और झंझावात के लिए
वायु की आवश्यकता ही
कहाँ है ?
प्राणवायु की तो
बिल्कुल भी नहीं।

राजनीति

शिकारी
और
शिकार
जीवित रहने के
लिए एक को
मरना होगा
मजेदार बात है
कि दोनों जीवित
रहना चाहते हैं
और ये हो नहीं सकता।

बारूद

जब भाषा अपने अर्थ खो दें,
वार्ताएँ अपने अस्तित्व को खोंजने लगे
जब सहृदयता कमजोरी नजर आने लगे
और सदाशयता मूर्खता के रूप में समझी जावे
तो
बारूद !
निश्चय ही निर्णायक हो जाता है
भगवान और शैतान के
मध्य अन्तर करने के लिए।

गवाही

काली बलखाती मीलों लम्बी सड़कें,
इन सड़कों को सब मालूम है
सारे हादसे, चीखें, चीत्कार
हर बिखरे इंसानी ताजा खून की
चश्मदीद गवाह ये सड़कें,
रोती है जार-जार,
कुचली जाती है बार-बार
कहते हैं
सारी सड़कें रोम को जाती हैं
चिल्लाती हैं बतियाती हैं
पर
सड़कों की गवाही कौन माने,
नीरो की माया तो नीरो ही जाने।

पेरिस

पेरिस
खुशबुओं का शहर,
जिसकी हर भुजा
स्टारफिश की तरह
अपने खण्डों में बंटी,
उन्मुक्त, बेपरवाह
जननी फैशन की
मगर
सिमटी हुई अपने में
पर विस्तारित भी,
एक
ओक्टोपस की तरह
सेन नदी के
चमकते

जल बिन्दुओं
की
किरणों में स्वयं को
आलोकित किए
चन्द्रमा के प्रकाश के
साथ ही
जीवन्त हो उठे
ज्वार की तरह
उफनती
ये नगरी,
आमन्त्रित करती
समस्त
रम्भाओं और
अश्विनी कुमारों को
नृत्य करने को
और रचने को नये संगीत,
मेरे मीत !
पेरिस
जिसके पीछे है जमाना
धन का है ये खेल
धन ना हो तो न जाना ॥

कुआलालम्पुर

कुआलालम्पुर में
दुनिया की सबसे ऊँची
इमारत को
देख कर लगा जैसे
मानव ने पंख न होने को
परे कर दिया
और
चार सौ बावन मीटर की ऊँचाई पर
गर्वित हो देख ली
उसकी खुदाई
और दे दिया उसे धन्यवाद
कि ईश्वर तू है तू ही है।
तू ही तो है
जो देता है

इस देश में
सभी मत-मतान्तर वालों को
प्यार से रहने का सन्देश
कभी नहीं करते मलेशिया में रहने वाले
हिन्दू, मुस्लिम, ईसाई
एक दूजे से द्वेष
ऐ, के एल, अर्थात् कुआलालम्पुर
हमें भी तो सिखा दे
कि कैसे रहे हम
सब साथ
सारे धर्म, और
सारे गणवेश।

रिश्ते

समन्दर किनारे
सुनहरी रेत पर
रिश्तों को
खूबसूरती से उकेरता रहता था
हमेशा
और हमेशा
जनम जनम की बेरी लहरें
रिश्तों के लफ़्जों को निगल जाती,
रेत फिर कोरी हो जाती,
मैं फिर रिश्ते लिखता,
वे फिर मिट जाते
अबकी बार लहरों से दूर, लिखे थे रिश्ते
सुनहरी रेत पर
कि वायु का बगूला

रिश्तों के हर्फ

फिर ले उड़ा
नये पुराने सारे रिश्तों के हर्फ,
मैं और मेरे शब्द
एकाकी रह गए,
अब शायद
कभी नहीं लिखे जाएँगे
कैसे भी रिश्ते !

छल

तुम चली जाओगी
तो
कौन देगा लॉन में पानी,
कौन करेगा
बाथरूम की लाइट
और पंखा बन्द,
कौन करेगा
बिस्तर की चादर बदल,
कौन करेगा मुझसे छल !

क्या करें

होटल के कमरे का वेटर
पिछले आधा घंटे में पाँच बार पूछ चका
कि खाने के बरतन उठा लूँ ?
मैं चूँकि अपने से बात कर रहा था, ध्यान ही नहीं दे पाया
वो जब छठी बार आया
मुझे लगा, अब अन्तिम है
उसके अगली बार आने से पहले सब कुछ
समेट लिया मैंने, सम्पूर्ण सन्तुष्टि के साथ
हे ईश्वर !
मैं आज तक समझ नहीं पाया
जब तू छठी बार अपना वेटर भेजता है
कुछ तो समेट लेना चाहिए हमें,
परन्तु
हम सभी मूर्ख

हो जाते हैं सहर्ष अग्नि को समर्पित
अपनी सापेक्षता के साथ,
फिर से निरपेक्षता का अवसर खो देते हैं
इसी होटल में पुनः आने के लिए।

शून्य

कभी कभी लगता है
जैसे एक शून्य मात्र हूँ मैं,
एक अकेला शून्य, आधारहीन, अर्थहीन, अस्तित्वहीन,
और खोज में हूँ ऐसे
अंक की
साथ जुड़ जिसके
दस गुना हो जाऊँ
दस गुना कर दूँ।

बन बसन्त की पुरवाई

मैं पतझड़ का वृक्ष
ठूँठ-सा,
तुम
रचकर, बस कर
कोमल कोपलों से
समृद्ध कर दो,
बन बसन्त की पुरवाई।

आओ मिलकर रो लें

आओ,
मिलकर रो लें,
कहते हैं कि
रोने से आँखें
अधिक सुन्दर हो जाती हैं
पर रोने का बहाना तो मिले
तो आओ
उन बाहुबलियों की
फड़कती हुई भुजाओं की
शक्तियों पर रो लें
जो जातियों की गदर में
गली जा रही हैं।
और उन शब्दबलियों
के बाणों पर भी रो लें

जो अपच के जंग से
सीले जा रहे हैं
और उन जवानों
की
हिम्मत पे रो लें
जो सियाचिन के माइनस चालीस डिग्री तापमान पर
बिंधे जा रहे हैं
और थोड़ा-सा
रो लें
आकाओं की बुद्धि पर,
रोने को बहुत मन करता है
आओ मिल कर रो लें
जिससे और अधिक खूबसूरत
हो जाएँ आँखें हमारी।

समझ

मैंने पूछा
एक सैनिक से कि
तुम साम्यवाद, समाजवाद, धर्मनिरपेक्षतावाद
धार्मिक कट्टरतावाद
के बारे में भी कुछ जानते हो
या निरे बुद्धु हो ?
सैनिक बोला,
हम तो सिर्फ ये जानते हैं कि
'वाद' दुश्मन की तरफ से होता
है
'प्रतिवाद' हम देते हैं तोप के
मुँह से
और मरते समय दुश्मन अपने
आप से क्या 'संवाद' करता है हमें नहीं

मालूम।
मै निरूत्तर हो गया और हँसी आ गई
अपने आकाओं के अज्ञान पर
कि कम्पयूटर 'एज' में भी
सामान्य सैनिक जितनी
समझ भी नहीं विकसित
कर पाये 'वे'।

एक शहीद की माँ का सन्देश

कि
आप सब
शान्ति से रहें, आराम से रहें
सब सुविधाएँ भोगें,
मैंने कोख दाँव पर
लगा दी।

आज तिरंगे में लिपटी
मेरे बेटे की
सुगंधित, स्वर्णिम आभायुक्त दिव्य
देह
यदि
आपकी मृतप्राय देशभक्ति के
जज्बे को जगा सके

तो समझूँगी
धन्य हो गए हम सब
मेरा शहीद पति, मैं और मेरा
जवान शहीद बेटा...।

मैं

कभी-कभी लगता है
जैसे
शनै-शनै, क्षण-क्षण,
क्षय हो रहा है सब कहीं,
पूजा की थाली में रखे कपूर-सा
धीरे-धीरे समाप्त होता मेरा अस्तित्व,
और
एक जीवित अंडे से
आमलेट में रूपान्तरित होता मेरा व्यक्तित्व
और मैं, अखबारों के खोया-पाया कालम में
बदहवासी से ढूँढ़ता हुआ
कि कहीं
शव ही मिल जाए मेरे 'मैं' का।

शत्रु पुरुष का

विधाता की
सबसे प्रिय
सबसे सुन्दर कृति
स्त्री,
और उसे जानने के
लिए
क्यों कम पड़ गई
सारी ज्ञानेन्द्रियाँ
कर्मेन्द्रियाँ,
ये तो वो ही जाने
सातलोकों का स्वामी,
मायावी
छलिया
शत्रु पुरुष का...।

गणित

मैं गणित में कमजोर रहा
शुरू से ही,
हिसाब कभी समझ नहीं आये मुझे और
तुम्हारे पसन्दीदा विषयों में रहा
गणित।
जिन्दगी के हर मोड़ पर हर दोराहे पर
हर चीज में हिसाब,
रिश्तों में भी॥

हल्का फुल्का

ऐसा मेरे साथ ही क्यूँ होता है कि
फोटोग्राफर के फ्लैश दबाते ही लगता है आँखें मिंच जाती हैं
और हजार बार कोशिश करने पर भी
बाल कटवाते समय नाई के अनुकूल गरदन
नहीं रह पाती है
जब भी वीडियो कोच में बैठता हूँ
वीडियो खराब होता है, या फिर पासवाला
मुसाफिर मुझे तकिया समझ सोता है
जब भी टीवी पर भूले से अच्छा प्रोग्राम आता है
या तो बिजली चली जाती है
या फिर डिश गुल हो जाती है
जब-जब तनख्वाह बढ़ती है
पिछले महीने की तुलना में पाँच दिन पहले
खत्म हो जाती है

देर से उठता हूँ तो अखबार
छः बजे ही आ जाता है
जल्दी उठता हूँ तो आठ बजे आता है
पत्नी के साथ खरीददारी पर
साड़ी की दुकान का सैल्समेन
पत्नी से अति प्रिय बोलता है
जेब को कस कर भींचे मेरा खून खोलता है
ऐसा मेरे साथ ही क्यूँ होता है
या शायद
आपके साथ भी होता है ?

अस्तित्व

बहुत से आविष्कार हुए
मानव ने बहुत-सी खोजें की
असंभव को संभव बनाया
पर नहीं खोज पाया सत्य
हजारों हजार साल से
कितने मनीषी, ऋषि, ज्ञानी
सिर्फ सत्य की खोज में लगे रहे।
पर सत्य की खोज
निरपेक्ष सत्य की खोज
कभी नहीं हो पाई
पश्चिम में ज्ञानियों ने
सत्य की खोज के लिए
बहुत डुबकियाँ लगाईं
कभी नाव को दिशाहीन

भी खेते रहे
कि अनजाने में ही सत्य मिल जाए
फिर वे कहने लगे कि
विचार ही सत्य है
अपने यहाँ के विचारक कहने लगे
कि
कभी जगत सत्य है
कभी जीव सत्य है
कभी दुख सत्य है
कभी कहने लगे कुछ कह नहीं सकते
तो सोचा
माता-पिता का वात्सल्य सत्य है
पत्नी का समर्पण सत्य है
पुत्र का अज्ञान सत्य है
पुनः सोचा
कि सत्य तो वह है
जो देश काल आकाश
और परिस्थिति में कभी
परिवर्तित नहीं होता
और ये तो सब परिवर्तनशील हैं
फिर सत्य क्या है
कोई समझ नहीं सका कभी
बुद्ध ने भी दस प्रश्न अवक्तव्य कहे थे
तो जो कभी परिवर्तित नहीं होता
जिसका नाश नहीं होता
जो निरपेक्ष है
जो चैतन्य स्वरूप है
वही सत्य है

तो क्या ? प्रश्न वाचक चिह्न
निरपेक्ष नहीं है
हमेशा विद्यमान रहने वाला
परिवर्तित नहीं होने वाला
उत्तर के बाद भी
अस्तित्व रखने वाला
यह चिह्न ही सत्य है
मार्गदर्शक है
जब तक सत्य,
सद्चिद् आनन्द सत्य की
खोज नहीं हो जाती
यही तो सत्य है
यह चिह्न ही सत्य है
सभी भाषाओं में मान्य
सभी काल, देश और आकाश
में कितना शाश्वत
यह चिह्न "?" ॥

अढ़ाये

कई बार सीधे सीधे कहने में खड़ी बोली या यूँ कहिये माटी की महक लिये हुए भाषा, भावनाओं का ज्यों का त्यों प्रतिनिधित्व कर देती है और इसी प्रयास में कुछ अढ़ाये गढ़े गए। अढ़ाई पंक्तियों में जो रोजमर्रा दीखता है, जस का तस परोसने का प्रयत्न किया गया है।

राधे नामक मित्र को लक्षित ये अढ़ाये अवश्य ही जन मानस को आह्लादित एवं आलोड़ित करेंगे एवं सोंधी-सोंधी खुशबू के साथ जिह्वा पर सहज ही चढ़ जाएँगे। ऐसा मेरा विश्वास है।

1

मेड़ खा गई जोतें[1] सारी, मेहनत हो गई गारा[2]
बीड़[3] हुए सरकारी भैया, चार रुपयूया चारा
राधे तेरा कौन सहारा॥

2

भाई भाई साँप नेवले, तिरिया[4] हो गई खास
पंचों के निर्णय से आवे, अब बिष्टा[5] की बास
राधे घुटने लग गई साँस॥

1. कृषि योग्य भूमि, 2. मिट्टी, 3. चरागाह, 4. स्त्री, 5. मल।

3

उमर में ज्यादा कहे भाई जी, झुके जो बारम्बार
खान गुणों की तुझे बतावे, वो ही है मक्कार
राधे रहना तू हुशियार ॥

4

पनघट बन गये हैण्डपम्प अब, घाणी का नहीं तेल
ट्रेक्टर आ गए मोटर लग गई, भूखे मर गये बैल
राधे कैसी रेलमपेल ॥

5

खेत में सब्जी एक रुपये की, मण्डी में चार आने
गाँव का ज्ञानी शहर में मूरख, आढ़तिया की माने
राधे ये तो तू ही जाने ॥

6

सात बरस की बीनणी, और ग्यारह का बींद
फेरों में पंडित जी बोले, वर को आ गई नींद
राधे गया कलेजा बींध ॥

7

नागा बण जा लम्पट हो जा, छोड़ मोहब्ब्त प्यार
देख के मौका मार कुल्हाड़ी, दोस्त हो या यार
राधे रुपयों की भरमार ॥

8

भाटे ही भाटे हैं[1] सारे सुख दुख में नहीं साथ
भागमभाग मची है कोई मन की करे न बात
राधे शहर की न्यारी जात ॥

---

1. हृदयहीन।

9

माटी[1] के ही साथ जुड़े रह, माटी को मत छोड़
खूँट[2] तुड़ाया मस्त नारक्या,[3] गिर जाता मुँह तोड़
राधे माटी का नहीं जोड़ ॥

10

भरी हुई बस हो तो रुक जा, मत तू छत पर बैठ
ज्यादा से ज्यादा क्या होगी, अध घण्टे की लेट[4]
राधे बात कही क्या रेट[5] ॥

1. मिट्टी, 2. खूँटा, 3. बछड़ा, 4. विलम्ब, 5. बोलचाल की भाषा में राइट अर्थात् सही।

11

होने दे गुमराह जो होवे, मत तू छोड़े लीख
जब खाएँगे खूब थपेड़े, आप आएगी सीख
राधे गलत कही या ठीक ॥

12

होली दिवाली करे नमस्ते, काम पड़े तब आवे
बिना काम पहचाने नहीं वे, जावे पीठ बतावे
राधे कौन उन्हें समझावे ॥

13

अस्पताल सब बूचड़खाने, इस्कुल[1] बने दुकान
सरकारी दफ्तर तो हो गए, जैसे कोई मचान[2]
राधे मान भले मत मान ॥

14

हाथी को मण कीड़ी को कण, पेट वो सबका भरता
पाई-पाई का हिसाब सब, वो ही चुकता करता
राधे तू क्यूँ चिंता करता ॥

---

1. स्कूल, 2. शिकार करने का ऊँचा स्थान।

15

सास बहू और नणद भौजाई, रोज कर रही साँग
बाप को बेटा आँख दिखावे, बटवाड़े की माँग
राधे कुएँ में पड़ गई भाँग ॥

16

अब्दुल्ला और किशनलाल की, जमे नहीं अब तास[1]
भाई चारे प्रेम भाव की, पड़ी आँगने लास[2]
राधे क्यों न होय उदास ॥

---

1. ताश, 2. लाश।

17

पाप पुण्य का भान रहे नहीं, इज्ज़त होय खराब
तन काँपे और धन घट जावे, मिटता जावे आब[1]
राधे सबसे बुरी शराब ॥

18

माह फरवरी की तनख्वा तो, इनकम टैक्स में जाय
ईस्कूटर टेलीविजन की, किश्तें कौन चुकाय
राधे निंदिया कैसे आय ॥

1. कान्ति।

19

पड़ोसी के आग लगे तो, पानी लेकर दौड़
तेरा घर तो बचा हुआ है, यही गणित मत जोड़
राधे उदासीनता छोड़ ॥

20

आम अगर नहीं बन सके, तो बन जा बबूल
छाया फल नहीं चाहिए, आज चाहिए शूल
राधे खोल दे अपनी चूल ॥

21

काल[1] पड़ा विपदा[2] बड़ी सन दो दो हज्जार
सोना अंडा आस में मुर्गी दीनी फाड़
राधे परकरती[3] की मार ॥

22

कीड़ी[4] भर्‌या अषाढ में बिल में रीती जाय[5]
टीटोड़ी[6] अण्डा दिया मज तलाब के माय[7]
राधे अबके प्रभु बचाय ॥

1. अकाल, 2. विपत्ति, 3. प्रकृति, 4. चींटी, 5. बिना मुंह में भोजन लिये, 6. एक प्रकार का पक्षी, 7. सूखे तालाब के बीच।

23

गोबर जिसका है पवित्र और मूत्र औषधिधार
स्वर्ण कणों से युक्त दूध की महिमा अपरम्पार
राधे गाय करे उद्धार ॥

24

तेरी निन्दा वो करे जिसका किया बचाव
वरना किसको क्या पड़ी तू कौन गाँव को जाव
राधे मन का गिर गया भाव ॥

25

भेद न दीजे आपणा मित्तर[1] रिश्तेदार
बुरा बखत[2] जब आयगा तो सब तोड़ेंगे तार
राधे भेद लगाये पार ॥

1. मित्र, 2. समय।

●●●